Inhalt

Die Stärke der Intuition

Höre auf dein Bauchgefühl und verstehe die innere Stimme

Julian Grubzeller

Vorwort

Du bist hier genau richtig, wenn du gerne mehr über deine eigene Intuition und deine damit verbundenen Fähigkeiten herausfinden möchtest. Hast du dir nicht auch schon immer gewünscht, im richtigen Moment das Richtige zu tun? Dich einfach nur auf dein Bauchgefühl zu verlassen und dann bewusst die „eine“ Entscheidung zu treffen? Dann bist du hier genau richtig. Ich werde dich anleiten, dich bestärken und dir den Mut geben, dich wieder ein bisschen mehr auf dich selbst zu verlassen und deine eigene Intuition zu stärken. Denn davon haben wir genug. Meist liegt sie nur etwas verschüttet und du musst es schaffen, sie wieder wachzukitzeln und in dein Leben einzuladen. Wie? Dafür finden wir hier gemeinsam deinen Weg.

Was genau ist Intuition?

Wenn dir einfach alles zu viel wird und es keinen anderen Weg mehr gibt, als einfach nur die eine Entscheidung zu treffen, die dein Leben verändern sol ? Diese Entscheidung soll dein Leben wieder ins Gleichgewicht bringen. Du musst also nur deiner Intuition folgen. Das klingt meist einfacher, als es getan ist. Was bedeutet das nun genau, auf die Intuition zu hören?

Für die einen mag es die eigene, innere Stimme sein, für die anderen ist es das Bauchgefühl, wieder andere bezeichnen es als den sechsten Sinn. Für die eigene, körperinterne Intuition kennen wir viele Namen. Und in jedem Leben ist einmal der Punkt erreicht, an dem wir uns ihr stellen müssen.

Meist bedeutet dies, dass wir unseren eigenen Verstand zurückziehen und einfach nur auf unser Innerstes hören. Doch um genau an diesem Punkt zu kommen, müssen wir erst einmal klären, was genau mit Intuition gemeint ist.

Von der Begriffserklärung her stammt das Wort Intuition aus dem Lateinischen und lässt sich mit den Worten „genau hinsehen“ oder „anschauen“ übersetzen. Dabei ist die Intuition für uns alle aber fast nie sichtbar. Sie ist etwas, das wir auch mit Vorstellungskraft nicht erkennen können.

Hinter dem Wort Intuition versteckt sich vielmehr eine Gabe, die meint, dass wir auf Anhieb eine gute Entscheidung treffen können, ohne die grundlegenden Zusammenhänge genauer verstehen zu müssen. Also eine Entscheidung, die wir ohne nachzudenken treffen, und mit der wir richtigliegen.

Diese Fähigkeit liegt in uns und ist meist unbewusst und instinktiv. Somit können wir unsere Entscheidungen, die wir aus der Intuition heraus getroffen haben, meist auch nicht plausibel begründen. Deswegen ist auch unsere Intuition meist unserem prozesshaften Verstand in einer gewissen Art und Weise überlegen. Viele bezeichnen die Intuition deswegen auch als gesunden Menschenverstand. Unsere intuitive Vorahnung hat einen sehr engen Zusammenhang mit unserer Fähigkeit der inneren Logik und ist verknüpft mit früheren Erfahrungen.

Vom Verstand her sind wir Menschen meist so aufgebaut, dass wir für alles und jedes eine Erklärung benötigen. Warum geht morgens die Sonne auf? Warum dreht die Erde sich? Wir können uns nie mit einer Sache einfach nur so begnügen. Wir brauchen für alles eine Erklärung.

Doch dieser vermeintlichen Erklärung macht die Intuition nun einen Strich durch die Rechnung. Denn die Intuition ist weder eine Funktion des Verstandes, noch kann der Verstand die Intuition begreifen. Wenn wir unserer inneren Intuition folgen, bedeutet das tatsächlich in den meisten Fällen, dass wir Dinge tun, die unser Verstand überhaupt nicht zu begreifen vermag. Vielleicht bedeutet es auch, dass nach dem, was wir eigentlich wissen, diese bestimmte Sache vielleicht auch gar keinen Sinn ergibt. Vielleicht auch nur auf den ersten Blick.

Der eigenen Intuition zu folgen, heißt, nun sich selbst und der Sache an sich Vertrauen zu schenken. Das wird leider in unserer Gesellschaft immer mehr zu einer Herausforderung. Denn niemand traut mehr seiner Intuition. Jeder möchte für diese und jene Sache einen Beleg und einen Beweis haben, warum etwas so ist.

Oftmals wird dem weiblichen Geschlecht auch nachgesagt, es hätte eine besonders weibliche, und damit starke und verlässliche Intuition. Damit meint man eigentlich nur, dass Frauen ein gewisses Gespür für Emotionen haben und eine größere Empathie besitzen als Männer. Den Männern wird daher mehr die Logik zugeschrieben und sie bekleiden das Klischee, ihre Entscheidungen lösungsorientiert und auf Vernunft basierend zu treffen.

In der Psychologie ist diese Zuschreibung der einzelnen geschlechterspezifischen Tendenzen sehr umstritten.

Neueste Forschungen haben ergeben, dass die weibliche Intuition eher ein Mythos als die Wahrheit ist. Denn es gibt auch zahlreiche Männer, die sich in ihren Entscheidungen auf ihr Bauchgefühl verlassen und sich nicht von ihrem Verstand leiten lassen. Somit ist nicht wirklich bewiesen, dass Frauen tatsächlich eine größere und bessere Intuition haben als Männer.

Die Intuition ist ein göttliches Geschenk

Albert Einstein hat einmal gesagt: „Die Intuition ist ein göttliches Geschenk, der denkende Verstand ein treuer Diener. Es ist paradox, dass wir heutzutage angefangen haben, den Diener zu verehren und die göttliche Gabe zu entweichen.“ Ich finde, das trifft es ganz gut. Denn wir vergessen unseren Urinstinkt, den wir schon als Urzeitmensch in uns getragen und den wir von Generation zu Generation weitervererbt bekommen haben, einfach immer mehr. Wir sind in der heutigen Gesellschaft sehr verkorkst. Wir machen uns fast zum Sklaven, nur weil wir alles erklärt haben wollen.

Doch manche Dinge bleiben das ganze Leben lang ein Mysterium. Es gibt bestimmte Dinge, auf die wir einfach keine Antwort wissen und auf die wir vielleicht auch in diesem Leben und zu diesem Zeitpunkt keine Antwort erhalten sollen. Trotzdem sind wir Menschen so gestrickt, dass wir uns immer mehr verkaufen und unbedingt eine Lösung finden wollen. Es ist viel schöner, wieder nach innen zu gehen, den eigenen Körper zu spüren, sich auf sich selbst zu besinnen und damit auch auf sein Bauchgefühl zu hören.

Im Laufe unserer technologischen Fortschritte wurde für uns alles berechnender. Die Welt besteht aus Zahlen und das färbt auch auf uns ab. Das bedeutet nicht, dass jeder Mensch automatisch berechnend ist. Doch das Denken und das Logische verstehen zu wollen, hat in unserer Gesellschaft die Oberhand gewonnen. Wenn wir nicht denken, dann unterdrücken wir etwas. Und das meist den ganzen Tag lang. Für unsere eigene Intuition ist deshalb meist kein Platz mehr in unserem Leben. Meist ist es im Beruf gewünscht, dass wir Zahlen getrieben und berechnend denken. Das gibt uns einen großen Erfolg und macht uns beruflich attraktiver. Aber ist es auch attraktiver in der Zwischenmenschlichkeit?

Denn gerade Freundschaften, zwischenmenschliche Kontakte und Liebe beruhen nicht auf Daten, Zahlen und Fakten. Es geht vielmehr darum, dass wir uns auf den anderen einlassen, Gefühle spüren und zulassen. Und gerade in so einer komplexen Situation vertrauen wenige auf ihre eigene Intuition. Denn wir haben es meist verlernt. Oft spüren wir in uns, wenn wir in einer Freundschaft oder einer Beziehung nicht mehr eins werden können, nicht mehr glücklich sind.

Unser Bauch, unsere eigene Intuition gibt uns dieses Gefühl und lässt uns auch danach handeln. Doch leider gestehen wir uns dies oft nicht ein und verlassen uns nicht mehr auf uns selbst. Die meisten Menschen haben leider einfach verlernt, auf die eigene Stimme zu hören und danach auch zu handeln. Jeder verkorkste Mensch rennt in einer irren Welt umher und versucht immer wieder vergeblich, sich mit etwas Schönerem und Größerem zu beglücken.

Das Glück liegt meist so nah

In unserer Gesellschaft, die so nach Optimierung strebt, wollen wir immer höher, schneller, weiter. Für mich ist dieser Prozess, diese Entwicklung erschreckend.

Erkennst du dich vielleicht auch in diesem Verhaltensmuster wieder, kannst du vielleicht auch in deinen Beziehungen, die du mit anderen Menschen pflegst, kaum noch einschätzen, ob es die richtigen Beziehungen sind, die dir gut tun oder die du lieber beenden möchtest? Ist es für dich möglich, gerade in zwischenmenschlichen Dingen, auf dein eigenes Bauchgefühl, deine Intuition zu hören und zu achten?

Vielleicht kannst du mit dieser Anleitung wieder ein bisschen mehr zu dir selbst gelangen, auf dein Bauchgefühl hören und vielleicht auch deinem Herzen folgen. Denn das ist es, was uns authentisch macht. Nicht, dass wir irgendwelche komplexen Dinge durchdenken und analysieren können, sondern, dass wir zwischenmenschlich gut aufgestellt sind und mit unseren Mitmenschen richtig und angebracht interagieren können. Das bedeutet auch, dass wir für uns die richtigen Entscheidungen treffen können. Das bedeutet, dass Intuition angebracht ist.

Intuition in der menschlichen Evolution

Unsere technischen Fortschritte haben sich erst in den letzten paar 100 Jahren entwickelt. Doch die Menschheit ist schon älter. Wie haben es die Menschen früher geschafft, sich immer wieder zu vermehren und sich weiterzuentwickeln? Sie haben auf ihre eigene Intuition gehört. Denn wir tun meist automatisch das Richtige. Unser Körper, unser Geist und unsere Seele sind darauf ausgelegt, für uns zu handeln und intuitiv auch für uns das Richtige zu tun.

Wenn ein Mensch eine Entdeckung gemacht hat, wurde diese an andere Menschen weitergegeben. Somit wurde Wissen über Jahrhunderte hinweg immer wieder weitergegeben, ergänzt und revolutioniert. Auch das Zahlensystem oder das System der Buchstaben, Wörter und Schreibweisen ist ebenfalls noch nicht so alt. Früher haben sich die Menschen nur auf ihre Intuition verlassen. Es gab keine Menschen, die etwas errechnet haben, die etwas durchdacht haben, die versucht haben, etwas logisch zu erfassen. Jeder hat sich immer nur mit seiner eigenen Intuition beschäftigt und dadurch automatisch das Richtige getan. Die Menschen früher haben nicht stundenlang irgendwelche Früchte und Beeren untersucht, ob sie giftig oder essbar waren. Sie haben sich auf ihre Intuition verlassen und geschaut. Sie haben sich auf ihre Sinne verlassen und sich anhand ihrer leiten lassen.

Gab es doch mal etwas, das nicht genießbar oder gar giftig war, dann wurde diese Information an die anderen weitergetragen und somit immer weiter überliefert. Aber niemand hat sich früher hingesetzt und hat geschaut, aus welchen chemischen Verbindungen er etwas herstellen kann, was als Geschmacksverstärker seiner Nahrung dienen kann. Da hat sich ja überhaupt keiner Gedanken darübergemacht. Dieses Problem ist erst in der heutigen Zeit entstanden.

Jeder möchte gerne höher, schneller, weiter. Und somit muss das Essen auch immer länger halten, immer frisch sein und immer noch besser schmecken. Und dafür werden chemisch hergestellte Geschmacksverstärker eingesetzt. Das ist nichts, was aus der Intuition heraus entstanden ist. Fast niemand kann heute im normalen Supermarkt noch ein naturbelassenes Produkt kaufen. Der heutige Genuss hat nicht mehr viel mit Intuition zu tun, sondern gleicht eher einem System aus dem Chemiebaukasten.

Warum und wie du auf dein Bauchgefühl hören solltest

Die Intuition, bzw. das Bauchgefühl, können wir auch als eine Art „somatischen Marker“ verstehen. Es ist ein körpereigenes Signal, welches unvermittelt auftaucht und uns ein Gefühl der Zustimmung oder Abneigung vermittelt.

Unter positiven somatischen Markern verstehen wir meist ein kleines Kribbeln im Bauch, ein fröhliches Flattern im Herzen oder auch ein plötzliches Lächeln auf den Lippen. Das sind Gefühle und Körperreaktionen, die eine angenehme Empfindung hervorrufen. Sie bestärken uns meist in unserer Empfindung und sagen uns: Leg los, trau dich, tu es!

Es gibt aber auch somatische Marker, die negativ sind. Sie sagen uns, dass wir eine Sache lieber meiden oder lassen sollen. Meist treten sie mit Schmerzen in der Magengegend auf oder fühlen sich auch wie ein Engegefühl in der Brust an. Manchmal nehmen sie uns auch wörtlich die Luft zum Atmen. Oftmals werden diese Körperempfindungen als sehr unangenehm, ja, fast sogar bedrohlich empfunden. Sie lassen uns jene Sache meiden und schlagen uns in die Flucht.

Unser Körper weiß sehr gut, wie er mit uns umzugehen hat. Er setzt uns in den richtigen Situationen automatisch die richtigen Botschaften. Wir müssen nur genau auf ihn hören und immer wieder in uns hineinhorchen, um mit uns selbst in einem guten Kontakt zu sein.

Wie schon oben beschrieben, haben wir leider immer mehr aufgehört, auf unsere Intuition zu hören. Dafür denken wir immer analytischer und wollen alles mit dem Verstand ausmachen. Dabei sind diese „somatischen Marker“ eine gute Möglichkeit, die eigene Wahrnehmung zu schulen und einen Zugang zu der eigentlichen, inneren Intuition zu erlangen.

Denn wenn du mit dir im Reinen bist, dann hast du auch wieder eine gute Möglichkeit, auf dein Bauchgefühl zu hören und danach zu handeln.

Du kannst auf vielen verschiedenen Wegen deine Intuition schulen und sie trainieren. Damit wirst du deine eigenen Empfindungen immer achtsamer wahrnehmen können. Zum Beispiel können dir einige Achtsamkeitsübungen oder auch Meditationen helfen, deine Intuition zu finden.

Natürlich braucht dies einige Zeit und ein kontinuierliches Training. Zudem kannst du auch deine Körperwahrnehmung dahingehend trainieren, dass du dich immer wieder auf deine somatischen Marker konzentrierst. Denn diese zeigen dir am besten, in welche Richtung deine Intuition tendiert.

Eine Übung für deine somatischen Marker

Hier möchte ich dir eine kleine Übung vorstellen, mit der du auch ohne ein langfristiges Training versuchen kannst, deine somatischen Marker zu erzeugen und diese dann auch wahrzunehmen.

Du kannst mit dieser Übung erspüren, wie, wo und wann sich dein Bauchgefühl überhaupt äußert. Bei welchem Gedanken zieht sich zum Beispiel deine Magengegend zusammen oder wann verspürst du einen Kloß in deinem Hals? Bei welchem Gedanken an etwas Gutes spürst du, wie dein Herz kleine Sprünge macht? Oder spürst du bei einem anderen Gedanken die Gänsehaut über deinen Rücken laufen?

Nimm dir für diese Übung die nächsten 15 Minuten etwas Ruhe. Du solltest hierfür auch sicherstellen, dass du nicht gestört wirst. Für diese Übung folgt nun gleich eine Aufzählung von verschiedenen Wörtern.

Du gehst jedes Wort nacheinander durch und überlegst dir, ganz aus deiner Intuition heraus, ob es für dich einen positiven oder einen negativen somatischen Marker erzeugt.

Reagiere schnell und folge deinem ersten Impuls heraus. Schaue gut in dich hinein, denn bei jedem Begriff, den du lesen wirst, erzeugt dein Inneres ein bestimmtes Bild. Achte darauf, ob du in dir eine Zustimmung, also ein positives Empfinden hast, oder ob du eine Ablehnung spürst, also ein negatives Empfinden.

Es kann auch sein, dass du bei einigen Begriffen überhaupt nichts spürst und hier keine Empfindungen bzw. somatischen Marker ausgelöst werden. Diese Wörter, die für dich ohne jegliche Bedeutung sind, kannst du einfach überspringen.

Hier folgen die Wörter:

Blatt, Computer, Altenheim, Aufkleber, lesen, streiten, Erdöl, Feuerlöscher, Giraffe, Zunge, Igel, Zahnarzt, Haare, Leiter, Liebe, Gefühle, Passwort, Rabe, Sportunterricht, Klavier, Camping, Urlaub, Schwimmen, Nudeln, Taschenrechner, Zeitung, Fernseher, Kreuzworträtsel, Tulpe, Bier, schlafen, Bergsteigen, Armreif, Fisch, Italien, Kernseife, Sprungbrett, Disziplin, Schaukelstuhl, Frust

Um deine Intuition für dich festzuhalten, kannst du das jeweilige Wort auf ein separates Blatt Papier schreiben und dann dahinter deine Empfindung notieren. Schreibe dir auch deinen somatischen Marker mit dazu.

Lasse die Übung, wenn du sie beendet hast, eine Woche liegen, und wiederhole sie dann noch einmal. Tue dies aber auf einem extra Blatt Papier. Hinterher kannst du deine beiden Übungen nebeneinander legen und diese miteinander vergleichen. Hat sich deine Intuition in einigen Punkten verändert? Konntest du vielleicht bei der zweiten Übungsrunde mehr Intuitionen treffen als vielleicht bei der ersten?

Intuitiv und bewusst Entscheidungen treffen

Kennst du vielleicht auch dieses Gefühl, dass du vor einer besonderen oder neuen Situation stehst, und auf einmal tauchen irgendwelche Empfindungen und Gedanken auf, die du so nicht zuordnen kannst?

Du hast vielleicht ein Vorstellungsgespräch gehabt und nun ist ein neues Jobangebot da. Du bekommst ein Supergehalt, hast super neue Aufgaben und total nette Kollegen. Und dann ist da irgendwas, das nicht so ist, wie es sein soll. Etwas, das in deiner Magengegend drückt und klemmt. Irgendetwas passt einfach nicht. Dein rationaler Gedanke sagt dir, dass du ein Idiot wärst, wenn du dieses Superangebot ausschlagen würdest.

Andererseits spielen gerade deine somatischen Marker verrückt und deine Intuition möchte dir etwas sagen. Oftmals ist es dann so, dass der Kopf nicht weiß, was er tun soll, auch nicht nach stundenlangem Grübeln. Du kommst einfach zu keinem Gedanken. Denn es gibt keine rationale Entscheidung, die du dir durch irgendwelche Faktoren zusammenstellen kannst. Dann ist es leicht gesagt, dass du auf dein Bauchgefühl hören sollst.

Manchmal hören wir dann auf diesen Rat, manchmal aber auch nicht. Dabei wurde von verschiedenen Psychologen und Neurowissenschaftlern erforscht, dass du dich eigentlich in jeder Situation, bei jedem Zweifel, auf deine Intuition verlassen kannst.

Denn deine Intuition beinhaltet alle deine Erfahrungen, die du in der Vergangenheit gemacht hast und somit alles, was du gelernt hast. Deine Intuition ist nicht das große Ganze, es ist keine mystische Gabe, die dir von Gott oder dem Universum geschenkt wurde. Sie kommt aus dir, aus deinem Inneren. Das macht sie nicht weniger wertvoll, dass sie keine großartige Gabe ist, die der geschenkt wurde. Nein, im Gegenteil. Du hast sie selbst erzeugt.

Deine Intuition ist die Summe all deiner Erfahrungen. Denn je mehr Erfahrungen du in einem bestimmten Bereich gesammelt hast, umso präziser sind auch deine Ratschläge, die deine Intuition gibt. Denn deine Intuition kennt dich, deine Bedürfnisse und auch dein Leben am besten. Viel besser als jeder Außenstehender. Manchmal können auch die Ansichten anderer Menschen hilfreich sein, du solltest sie jedoch eher als Zusatzinformation nutzen und nicht als Grundlage deiner eigenen Entscheidungen sehen. Denn niemand weiß so gut wie du, was in diesem Moment und in dieser Situation am besten für dich ist. Und das ist das Geschenk deiner Intuition.

Deine Intuition setzt sich aus verschiedenen Fakten und Gefühlen aus deinem Gehirn zusammen. Denn deine Intuition verknüpft deinen Körper mit deinen Gefühlen und deinem Geist und schaut, wie du alles bisher Erlebte verarbeitet hast. Diese gesammelten Informationen bündelt sie und schafft ein eigenes Konstrukt.

Dieses Konstrukt gleicht fast einer Kompassnadel, die immer darauf bedacht ist, für dich die beste Entscheidung zu treffen.

Dieses Netz, dieses Konstrukt aus den vielen verschiedenen Fakten und Emotionen, lässt dich lebendig fühlen, belebt dich, befreit dich und gibt dir eine freudige Nervosität, wenn deine Intuition „Ja“ sagt. Und dieses Konstrukt äußert sich als etwas Schwächendes, etwas zurückziehendes oder auch etwas Beklemmendes, wenn deine Intuition dich vor etwas warnt, dir Angst macht und laut „Nein!“ in dir ruft.

Deine Intuition verbindet dich mit deinem Körper. Diese Reaktion ist das Ergebnis von vielen Nervenzellen, die durch die Intuition angeregt mit deinem Körper interagieren. Denn ein verkrampfter Magen oder ein Kribbeln im Bauch ist das Ergebnis von unwillkürlicher Nervenstimulation. Dein Gehirn arbeitet meist als Unterbewusstsein und dieser unterbewusste Teil in deinem Gehirn sendet immer wieder Signale an verschiedene Nerven. Und diese lösen in deinem Körper bestimmte Gefühle aus. Denn deine Intuition ist viel mehr als nur ein paar Prozent des Denkens, was du bewusst wahrnimmst, was vielleicht aus deinen Erinnerungen besteht, und wo dein Verstand einen bewussten Zugriff drauf hat. Denn dein Bauch und dein Herz haben Gründe, die dein Kopf niemals verstehen wird. Und hörst du auf Herz und Bauch, hörst du auf dein gesamtes Ich. Und bist nicht nur abhängig von dem kleinen Teil deines Gehirns, welches für das Denken zuständig ist.

Ich habe hier noch eine kleine Möglichkeit für dich, eine kleine Übung, die du anwenden kannst, wenn dein Weg sich gerade gabelt und du nicht weißt, in welche Richtung du gehen sollst.

Nimm dir auch hier wieder ein Blatt Papier und einen Stift zur Hilfe.

Schreibe dir nun alle deine Möglichkeiten, die du hast, auf ein Papier. Nun kannst du noch weiter überlegen, ob dir noch andere Möglichkeiten einfallen.

Lege die Blätter nun auf den Fußboden. Du kannst dich nun nacheinander auf die Blätter stellen. Wenn du auf einem Blatt stehst, schließe deine Augen und stelle dir vor, wie dein Leben aussehen wird, wenn du diese Entscheidung getroffen hast. Denke ganz genau nach und konzentriere dich dann auf das Gefühl, das es in dir auslöst. Du kannst diese Übung bei jedem Blatt anwenden und dich danach nach deinem Gefühl entscheiden.

Auf welchem Blatt hast du dich am besten gefühlt?

Welche Optionen waren für dich die besseren?

Ich kann dir zu diesem Thema das Buch des niederländischen Autors Bas Kast „Wie der Bauch dem Kopf beim Denken hilft“ sehr ans Herz legen. Es hat mir gezeigt, dass ich immer mehr auf mein Bauchgefühl hören sollte, denn unsere Intuition ist keine irrationale Eingebung.

Ich habe auch immer gedacht, dass ich meine Entscheidungen so rational wie möglich treffen sollte, jedenfalls wurde mir das so anerzogen.

Informationen sammeln, sie verarbeiten, daraus die Vor- und Nachteile der Sache abwägen und dann meine Argumentationen für das Für und Wider zurechtlegen.

Gefühle, da konnte ich mich in dieser komplexen Situation nicht darauf verlassen. Die hatten dort keinen Platz. Wer sichert sich denn in einer hitzigen Diskussion nicht gerne mit handfesten Argumenten ab? Denn welcher Prüfungskommissar möchte gerne als Antwort hören, dass dieses Ergebnis durch meine Intuition zustande gekommen ist. Das wollte ja schon früher der Mathelehrer nicht wissen. „Wie bist du auf das Ergebnis gekommen?“ Achselzuckend: „Weiß ich nicht, das hat mir meine Intuition gesagt.“ – „Setzen, sechs.“

Dabei können wir das Denken und Fühlen gar nicht voneinander trennen. Denn jeder Gedanke, jede Wahrnehmung und jede Erinnerung wird von verschiedenen Gefühlen begleitet.

Du könntest eine kleine Übung machen und deine Gedanken einmal an einer Zeitskala entlang laufen lassen. Und dann stellst du dir die Frage, wie zufrieden du mit deinen Freundschaften bist: Wahrscheinlich hängt deine Antwort ein bisschen von dem Zeitpunkt ab, an dem du dir diese Frage stellst.

Denn wenn du gerade gestern oder heute sehr viel Zeit mit deinen Freunden verbracht hast und deine Freundschaften in der letzten Zeit sehr intensiv gepflegt hast, dann ist wohl deine Antwort, dass du mit deinen Freundschaften sehr glücklich und zufrieden bist.

Wenn du aber an heute denkst und dir diese Frage für diesen Tag beantwortest und du an diesem Tag noch nichts mit deinen Freunden gemacht hast, könnte es sein, dass du vielleicht eher ein wenig unzufrieden mit deinen Freundschaften bist und dir vielleicht auch Gedanken machst, dass du zu wenig Freunde haben könntest, denn es wird heute eher ein ruhiger Tag werden. So ist das immer.

Was ich damit sagen möchte, ist, dass es auf diese Frage nicht die eine, perfekte Antwort gibt. Denn es ist wirklich nicht immer so wichtig. Wenn ich mich an einem Tag sehr gut fühle, dann ist an diesem einen Tag auch meine Realität und meine Sichtweise etwas farbiger, schöner und bunter. Geht es mir aber an einem Tag mal nicht so gut, habe ich vielleicht sogar ein kleines Stimmungstief, dann ist vielleicht eher alles grau, trist und öde. Deswegen ist es für dich ganz wichtig, dass du, wenn du eine sehr wichtige Entscheidung treffen musst, dich nicht gerade in einem völligen Stimmungstief, aber auch nicht in einem -hoch befindest.

Wann solltest du dich auf deine Intuition verlassen und wann solltest du wirklich bewusst entscheiden?

Ich glaube, dass es jedem Menschen sehr wichtig ist, immer die richtige Entscheidung zu treffen. Und treffen wir dann doch mal die falsche, dann nehmen wir diesen Fehler als unser eigenes Versagen und sehen uns diesen Fehler immer lange nach, anstatt einfach das Beste daraus zu machen. Jeder trifft Entscheidungen. Du hast bewusst die Entscheidung getroffen, diesen Artikel zu lesen. Wie bist du hierher gekommen? Hast du dir darüber lange Gedanken gemacht und abgewogen oder hast du dich ganz intuitiv entschieden?

Gerade bei größeren Entscheidungen ist es immer ganz gut, wenn du dir eine Nacht Überdenkzeit gibst, bevor du eine wirklich wichtige und bahnbrechende Entscheidung für den Rest deines Lebens triffst. Aber manche Dinge bedürfen auch einfach eines Gefühls aus dem Bauch heraus.

Zum Beispiel kann es sehr hinderlich sein, wenn du jemand bist, der seine Entscheidungen bis auf das Kleinste überdenkt. Sicherlich ist das für große Entscheidungen sehr wichtig, aber wenn du beim Bäcker vor der Kuchentheke stehst und dir eine halbe Stunde lang überlegst, ob du nun das Stück mit Kirschen oder doch lieber das Stück mit Apfel nimmst, dann kann dich das in deinem Leben schon sehr einschränken.

Bei Entscheidungen, bei denen vielleicht auch viel Geld oder ein großer Gewinn oder Verlust auf dem Spiel steht, da solltest du dir ruhig eine Nacht Überdenkzeit geben und darüber schlafen.

Da kann es dann auch hilfreich sein, wenn du die Situation für dich analysierst, vielleicht auch jemand anderen mit in deine Entscheidungsfindung mit einbeziehst, und dann aber auch deinen Bauch sprechen lässt. Manchmal bedarf es dann auch einen Kompromiss von Bauch und Kopf. Denn zusammen sind die beiden doch unschlagbar. Deswegen solltest du abwägen, wann du welchen von beiden entscheiden lässt.

Am besten ist ein Zusammenspiel von beiden, aber wenn du dich auf deine Intuition verlässt, liegst du mit Sicherheit auch immer richtig.

Auch aufgrund der Vielzahl verschiedener Medien leiden wir heute unter einer enormen Reizüberflutung. Meist sind wir dauerhaft von einer Informations- bzw. Medienquelle umgeben. Das macht es uns meist unmöglich, mit dem Verstand etwas zu entscheiden, denn oft sind wir völlig überfordert. An diesem Punkt kannst du sehr gut auch deine Intuition für dich sprechen lassen und völlig komplexe und schwer erfassbare Situationen leichter verarbeiten. Denn mit der Intuition erfassen wir auch schwierige Aufgaben und Informationen besser als mit dem immer denkenden Kopf.

Wenn du dich in einer Prüfungssituation befindest oder einen Vortrag oder ähnliches halten sollst und einfach zu wenig Zeit hattest, um deine Informationen zusammenzutragen und diese zu einem Vortrag auszuarbeiten, kannst du auch gut deine Intuition einsetzen. Dank ihr greifst du auf deinen unbewussten und sehr großen Wissensspeicher zurück und kannst Informationen gut abrufen.

Es gibt auch Entscheidungen, wie oben schon kurz angerissen, die du in einem bestimmten Moment und dann aber auch sofort treffen musst. Da kannst du nicht lange hin und her überlegen, du musst sofort sagen, ob hop oder top.

Manchmal muss es auch einfach schnell gehen. Dann ist das meist so schnell, dass du dein Denken gar nicht mit der Auswertung der vorliegenden Informationen belangen kannst. Denn die für dich zugänglichen Faktoren sind erst dann erfasst, wenn deine Intuition schon eine Entscheidung getroffen hat und dein Bauchgefühl ein verlässlicher Partner geworden ist, der schon gesprochen hat.

Gerade bei kreativen Ideen und Prozessen ist deine Intuition ein guter Arbeitspartner. Wenn deine Intuition sehr gut und stark hervorgehoben ist, kannst du kreativ und innovativ sein. Mit der gewonnenen Kreativität kannst du die konventionellen Wege verlassen und neue Möglichkeiten beschreiten. Das bedeutet auch, dass du neue und außergewöhnliche Lösungen entwickeln kannst für Probleme, auf die deine Kollegen vielleicht noch gar nicht richtig gekommen sind. Somit lässt deine Intuition dich immer einen Schritt weiter sein als die anderen.

Die Grenzen der Intuition

Du solltest die Anwendung deiner Intuition natürlich auch in gewisser Weise immer wieder überprüfen und wenn nötig auch eingrenzen. Das kannst du am besten in Bezug auf deine persönlichen Erfahrungswerte und deine damit verbundenen, persönlichen Empfindungen. Denn mit ihnen weißt du genau, was du dir selbst zutrauen kannst, und was nicht.

Kennst du auch Situationen, in denen dich deine Intuition vielleicht einfach nur handeln lässt, und du weißt nicht, warum du das so tust?

Zum Beispiel bekommst du einen neuen Kollegen. Du hast ihn vorher noch nie getroffen, gesehen oder auch nur ansatzweise ein paar Worte mit ihm gesprochen. Jedoch verhältst du dich ihm gegenüber reserviert und eher zurückhaltend. Vielleicht scheinst du auch innerlich in schlechte Stimmung zu kommen, wenn du ihn siehst.

Nach langen Überlegungen wird dir irgendwann klar, dass er dich an einen früheren Freund erinnert, der dich sehr enttäuscht und zurückgewiesen hat. Er hat deine Gefühle verletzt. Diese Erinnerung ist in deinem Unterbewusstsein verankert geblieben. So stark, dass die gespeicherten Gefühle und Erfahrungen nun auch auf den Menschen projiziert werden, der ihm sehr ähnelt, aber im Grunde ein völlig anderer Mensch ist.

Denn mit deinem neuen Kollegen hast du diese schlechten Erfahrungen nicht gemacht, sondern mit deinem damaligen Freund. Deswegen solltest du an manchen Stellen deine Intuition auch immer mal wieder überprüfen und ggf. auch abändern.

Denn mit deinem neuen Kollegen wirst du noch ein paar Arbeitsjahre auskommen müssen. Und es wäre ihm gegenüber auch sehr unfair, so ein reserviertes Verhalten anzubringen, obwohl er dir ja noch gar nichts getan hat.

Deswegen können dir deine Gewohnheiten und deine Vorurteile in Kombination mit deiner Intuition auch schon mal schnell zum Verhängnis werden und dein Handeln erschweren.

Wie du unsichere Entscheidungen mit deiner Intuition löst

Manchmal ist der Bauch tatsächlich klüger als der Kopf. Aber kennst du auch solche Situationen, in denen du dir gänzlich unsicher bist, welche Entscheidung nun die richtige ist und welche nicht? Vielleicht hat es auch weitgreifende Risiken für dich, wenn du die eine oder die andere Entscheidung triffst. Wie schon oben beschrieben, ist deine Intuition nicht nur irgendein Mythos. Auch wenn wir schreiben, dass es das Bauchgefühl ist, wissen wir ja schon, dass die Intuition ein Puzzle aus vielen verschiedenen Komponenten ist.

Denn unser Inneres lässt uns bei gewissen Dingen auch meist bestimmte Muster erkennen, die dann spontan im Unbewussten abgerufen und mit dem Erfahrungswissen verknüpft werden. Herr Gerd

Gigerenzer hat für die Intuition einmal eine Definition aufgestellt. Ich finde, dass diese Definition es doch schon sehr gut trifft. Nach ihm ist die Intuition das „gefühlte Wissen“, welches sehr schnell im Bewusstsein erscheint, man nicht genau sagen kann, warum dieses Bauchgefühl nun gerade auftritt und das viele Entscheidungen im Leben spontan lenkt.

Mit deiner unbewussten Intelligenz kannst du dir sicher sein, wenn du eine Entscheidung nicht zu 100 % rational entscheiden möchtest oder kannst. Denn bei einer rationalen Entscheidung musst du alle Faktoren in deine Entscheidung mit einfließen lassen, was meist mit dem doch begrenzten menschlichen Verstand und der meist doch begrenzten Zeit, bis die Entscheidung feststehen muss, meist gar nicht richtig möglich ist. Die Intuition kann dir auch dann ein guter Wegweiser sein, wenn Faktoren von außen als sogenannte Umweltfaktoren ein Abwägen und ein rationales Entscheiden fast unmöglich machen.

Gerade wenn jemand sehr versiert und anerkannt auf seinem Wissensgebiet ist, wird die Intuition einen immer höheren Stellenwert bei ihm einnehmen. Denn die meisten Entscheidungen von Personen sind meist nicht analytisch sondern intuitiv getroffen.

Kennst du vielleicht den Begriff Know-how?

Damit ist eigentlich auch nichts Anderes gemeint als die Intuition, die jemand mitbringt. Denn dieses Verhalten stellt sich einfach so mühelos bei ihnen ein, weil das Wissen aus vergangenen Situationen mit der aktuellen Situation verglichen wird. Somit ist diese Lösung der Situation nicht irgendein Raten oder eine übersinnliche Inspiration, sondern einfach nur die Fähigkeit, die jeder von uns immer wieder in seinem Alltag anwendet.

Jeder der großen Persönlichkeiten und Experten tut demnach den ganzen Tag nichts Anderes als immer wieder einfach nur zu handeln, so wie er es aus seinem täglichen Leben gewohnt ist. Eine Studie und Befragung unter Führungskräften und großen Unternehmen hat gezeigt, dass sich knapp 40 bis 60 % der in Deutschland agierenden Führungskräfte bei wichtigen Entscheidungen auf ihre Intuition verlassen.

Du solltest aber bei der Intuition auch an die Grenzen des bewussten Abwägens denken. Denn wenn du zu lange über bestimmte Gründe nachdenkst, kann das in deinem Inneren zu einer schlechten Entscheidung führen. Denn neben den wichtigen Fakten und Daten konzentrierst du dich auch automatisch bei der Länge des Nachdenkens irgendwann auf die nicht mehr wichtigen und nicht mehr rationalen Fakten der Sache, die dann deine Entscheidung negativ beeinflussen.

Deine Bauchentscheidung kann in einer bestimmten Situation deiner normalen, rationalen Strategie überlegen sein. Bauchentscheidungen funktionieren aber gerade dann immer besonders gut, wenn du in dem Gebiet, in welchem du deine Entscheidung treffen musst, ein gutes und fundiertes Fachwissen bereitstellst. Denn gerade im Beruf kann es doch sehr fordernd sein, wenn du immer wieder konzentriert und häufig Entscheidungen treffen musst. Da kann es gut für dich sein, dich auf deine Intuition zu verlassen. Da hat dann auch die Unsicherheit meist keinen Spielraum mehr, um dich nachdenklich zu machen.

Denn wenn du Handlungskompetenz trägst und in deinem Bereich routiniert bist, dann kannst du es auch gut schaffen, fundierte und sichere Entscheidungen aus deiner Intuition heraus zu treffen. Diese Routine und diese Intuition kommen mit der Zeit. Du wirst es daran spüren, dass du für das Treffen bestimmter Entscheidungen immer weniger Zeit brauchst.

Wo du dir vielleicht am Anfang deines Antritts noch Gedanken um das Für oder Wider gemacht hast, ist heute eine gute Routine eingetreten und du triffst du Entscheidungen aus dem Bauch heraus mit deiner Intuition.

Mut zur Veränderung

Vielleicht konntest du dich in manchen Passagen dieses Textes immer mal wieder finden. Vielleicht bist du eher ein Mensch, der immer wieder versucht, alles logisch zu analysieren und zu „zerdenken“. Ich möchte dich an dieser Stelle gerne ermutigen, einmal neue Wege zu bestreiten und deine Intuition wieder in deinen Körper einkehren zu lassen. Denn Intuition bist du. Du kannst dich selbst auf dich verlassen. Du trägst in dir die nötige Stärke und Sicherheit, mit der du souverän an dir arbeiten kannst.

Vielleicht fühlst du dich jetzt gerade in diesem Moment mutlos und glaubst, du könntest das nicht. Vielleicht macht dir auch der Gedanke an die Zukunft ein bisschen Angst. Denn immer, wenn wir gewohnte Wege verlassen, etwas Neues ausprobieren und uns auf neue Dinge einlassen, ist es ganz normal, dass wir mit Angst und Zurückhalten reagieren.

Vielleicht ist an diesem Punkt bei einigen Menschen auch ein bisschen Ablehnung mit im Spiel. Vielleicht weißt du auch nicht, wie du ohne das analytische Denken und der prozesshaften Logik dein Problem lösen sollst. Vielleicht kennst du es bis jetzt auch gar nicht, dich einmal auf deinen Bauch und dein Inneres zu verlassen, in dich hinein zu hören und daraus eine Entscheidung zu treffen.

Wenn du in so einer Situation steckst, solltest du deinen Mut finden und ihn bestärken, dich in der Intuition mit deinen Entscheidungen zu schulen und dich zu stärken. Das kannst du am besten, indem du dich aus deiner körperlichen und seelischen Erstarrung löst. Probiere es einfach mal mit ein bisschen

Bewegung. Wenn du merkst, dass du in alte Verhaltensmuster zurückfällst, beginne, dich zu bewegen. Fahre mit dem Rad, laufe ein bisschen die Treppen auf und ab oder gehe im Zimmer umher. Du kannst auch einen kleinen Spaziergang machen. Denn wenn du dich in Bewegung setzt, bringt das nicht nur deinen Körper sondern auch deine Seele und dein Inneres in Bewegung. In dieser Bewegung bist du eher bereit, einen neuen Weg zu gehen.

Es ist auch ganz normal, wenn du mit anderen Leuten darüber sprichst, dass du dich gerne verändern möchtest. Es kann für dich vielleicht auch sehr hilfreich sein, wenn du andere Menschen zu ihrer Einstellung zu ihrer eigenen Intuition befragst.

Frage vielleicht auch ganz konkret, in welchen Situationen sie ihre Intuition einsetzen und ihr vertrauen, und wann sie eher analytisch und prozesshaft denken und entscheiden. Dann fühlst du dich vielleicht auch nicht mehr so alleine und kannst einen guten Mittelweg für deine Intuition und ihre Anwendbarkeit finden. Denn es gibt sicherlich Menschen, die vor dir schon einmal sich genau die gleichen Fragen gestellt haben, und die vor genau den gleichen Herausforderungen standen wie du.

Deswegen können sie für dich Problemlöser und Mutmacher sein. Es gibt auch viele Berichte, Bücher und Artikel in Fachmagazinen und im Internet zu lesen. Einige Menschen schreiben sogar ihre eigene Webseite zu den Erfahrungen mit ihrer eigenen Intuition. Manchmal sind diese auch religiös angehaucht.

Du kannst dir nicht immer nur einreden, dass alles, was du tust, schiefgehen wird. Denn das ist eine Prophezeiung und die wird irgendwann auch Wirklichkeit werden. Denn egal, ob du nun pessimistisch oder optimistisch denkst, es widerfährt dir sowieso, was passieren soll.

Um Musiker zu werden, musst du dir deinen Mut selbst zugestehen. Um dies zu tun, kannst du dir einen Überblick über deine Stärken und Schwächen zurechtlegen. Dies ist nun deine Zeit, um eine ehrliche Bilanz über dich selbst zu ziehen.

Damit du an dein originales Selbstbild herankommst, kannst du dir folgende Fragen, am besten schriftlich, beantworten. Nenne deine Stärken. Schreibe dein Potenzial auf. Liste deine Schwächen auf.

Wenn du diese Übung erledigt hast, kannst du versuchen, deine Schwächen nicht als negativ anzusehen.

Versuche, dass deine Schwächen ein Teil deiner Persönlichkeit sind, und sie von dir auch als diese akzeptiert werden. Denn in deinen Schwächen trägst du immer noch das Potenzial in dir, diese auszubauen und sie zu deinen Stärken zu machen. Wenn du nun deine Stärken betrachtest, kannst du eine positive Wirkung wahrnehmen, die vielleicht auch dein Selbstvertrauen und dein Selbstwertgefühl stärkt.

Durch dieses gesteigerte Selbstvertrauen und Selbstwertgefühl wird auch deine Intuition stärker werden. Denn du kennst nun deine kompletten Potenziale und mit diesem Wissen bist du dir über deinen Informationsschatz, den du in dir trägst, bewusst.

Ein weiterer Weg, um deinen Mut und damit auch deine Intuition zu stärken, ist es, immer wieder zu träumen. Denn auf dem Weg zu mehr Intuition und mehr Mut ist dies ein elementarer Prozess. Du kannst in dich hinein hören, deine innere Wahrnehmung schulen und dir deiner Wünsche und Sehnsüchte ganz in Ruhe bewusst werden.

Du kannst dich von deinen Gedanken zu diesen Themen einfach nur inspirieren lassen. Vielleicht nimmst du auch hier wieder einen Zettel und einen Stift zur Hand und notierst dir deine Gedanken dazu.

Einige Anregungen zu deinen Überlegungen:

Was würdest du tun, wenn du einen Wunsch frei hättest? Wovon träumst du? Was macht dich glücklich? Was würdest du machen, wenn du richtig mutig wärst?

Mit dieser Übung werden dir deine Ziele und deine Wünsche bewusst. Das bringt dir auch innerlich mehr Mut und Stärke, denn du findest mehr zu dir und deiner Persönlichkeit, du kommst mit deinem Inneren in Kontakt. Das macht auch automatisch deinen Zugang zu deiner Intuition intensiver und bindet dich mehr.

Spüre bei jeder Entscheidung, die du triffst, in dich hinein und schaue, was deine Intuition dir sagt. Habe den Mut und vertraue dir, denn dein eigenes Vertrauen zu deinen Fähigkeiten, zu deiner Stärke und zu deiner Persönlichkeit ist der Schlüssel zu deinem Erfolg. Somit kannst du auch langfristig sicher und immer souverän für dich einstehen und im richtigen Moment die richtige Entscheidung fällen.

Übungen zum Schulen deiner Intuition

Dein innerer Verstärker

Immer, wenn du etwas Mutiges gemacht hast, schreibe es dir unbedingt auf. Du kannst dafür auch ein kleines Notizbuch anlegen. Schreibe die Situation in ein paar kleinen Stichworten auf, das reicht meist aus, dass du dir die Erinnerung wieder ins Gedächtnis rufen kannst und sie dir präsent ist. Eine andere Methode, um deine mutigen Situationen und Taten zu sammeln, kann auch ein Gefäß sein, welches mit Deckel verschließbar ist. Hier kannst du alle deine mutigen Situationen, in die du dich begeben hast und die du souverän gemeistert hast, auf einen Zettel schreiben, und diese dann in das Gefäß tun. Umso mehr sich das Glasgefäß mit Zetteln füllt, umso sichtbarer und größer wird auch dein Mut. Solltest du nun irgendwann an deinem Bauchgefühl, deinem Mut und deiner Intuition zweifeln, kannst du dir das Glas oder das Notizbuch vornehmen, die Zettel auspacken oder in dem Buch blättern und dir deiner eigenen, persönlichen Stärke bewusst werden. Schaue dir jede Situation an, lasse sie Revue passieren und erinnere dich daran, wie mutig und toll du gewesen bist.

Achtsamkeit und Selbstwahrnehmung stärken

Die Grundlage einer guten und zuverlässigen Intuition ist eine geschulte und ausgeprägte Selbstwahrnehmung. Um diese zu erlangen, kannst du sehr gut verschiedene Achtsamkeitsübungen in dein Leben integrieren. Denn nur, wenn du genau in dich hinein schauen kannst, kannst du auch die zarte Stimme deiner eigenen Intuition hören und ihr folgen. Denn du musst wissen, welche Sprache dein Bauch mit dir spricht. Zeigt er seine Antworten in Bildern, in kleinen Botschaften oder auch in Sprache? Du kannst nur wissen, wie deine Gedanken aufgebaut sind.

Eine ganz simple und kleine Achtsamkeitsübung ist die Beobachtung deines Atems.

Nimm dir für diese Übung ein paar Minuten Ruhe und ziehe dich zurück.

Setze dich für diese Übung aufrecht hin oder lege dich gerade auf den Rücken. Du kannst deine Arme neben deinem Körper ganz bequem positionieren, deine Beine ausstrecken, sie sollten nicht überkreuzt sein. Dann begib dich in eine ganz angenehme, leichte und lockere Körperposition. Wenn du magst, schließe auch deine Augen.

Konzentriere dich nun einige Augenblicke lang nur auf deine Atmung. Schaue, wie dein Atem durch die Nase in deinen Körper fließt und durch den Mund bei der Ausatmung wieder nach draußen gerät. Atme völlig bewusst und in deinem Tempo.

Spüre noch einmal, wie der Atem durch deine Luftröhre in deine Lungen hineinströmt und diese füllt. Spüre auch, wie sich dein Brustkorb dabei bewegt und vielleicht sich sogar dein Bauch dabei hebt. Dann kannst du schauen, wie dein Bauch sich langsam wieder senkt, dein Brustkorb sich senkt. Die Atmung durch den Mund wieder nach draußen strömt. Bleibe ein paar Atemzüge lang nur bei dieser Beobachtung.

Beobachte, ohne zu bewerten. Denn das ist Achtsamkeit.

Nach dieser Beobachtung kannst du auch einmal mit deiner Aufmerksamkeit durch deinen Körper gehen. Spüre in jedes Körperteil hinein, welche Empfindung dort momentan vorherrscht. Hast du vielleicht Schmerzen, bist du entspannt, zwickt etwas, ist es kalt oder ist es warm? Beobachte einfach nur mit deiner Wahrnehmung, lasse dir dabei ganz viel Zeit und gib keine Bewertung ab. Zum Abschluss nimmst du deinen Körper noch einmal als

Gesamtes wahr und fokussierst dich wieder auf deine Atmung. Versuche, diese Übung einige Male durchzuführen und die Länge der Zeit mit jedem Mal zu verlängern. Diese Übung mag sehr simpel und einfach klingen, doch sie ist sehr effektiv. Durch diese Übung entwickelst du Achtsamkeit.

Automatisiertes Schreiben

Diese Übung ist nicht nur eine wunderbare Art, um deine Intuition zu schulen, sondern auch eine gute Möglichkeit, um dich wieder ins seelische Gleichgewicht zu bringen. Denn ein vereinfachter und standardisierter Schreibvorgang löst im Gehirn eine synchronisierte Aktivität aus und lässt dich in einen Zustand der Achtsamkeit kommen.

Nach wenigen Trainingseinheiten kommst du an Inhalte, die nicht mehr aus deinem bewussten Denkvorgang stammen, sondern aus deinem Unterbewusstsein hervorkommen.

Wenn du dich auf das automatische Schreiben einlässt, kommst du automatisch in einen Dialog mit dir selbst. Somit kannst du dir auch während des Schreibens bestimmte Fragen stellen und diese dann auch vielleicht sogar beantworten. In diesem Dialog kannst du erfahren, wie sich deine Intuition anfühlt und in welchen Situationen sie dir vielleicht behilflich sein kann.

Gefühle zulassen und beobachten

Um an deine Intuition heranzukommen, musst du dir erst mal bewusst darüber werden, wie sich das Gefühl deiner eigenen Intuition überhaupt anfühlt. Nur so kannst du's auch im richtigen Moment erkennen und einsetzen. Und Gefühle zu spüren, wahrzunehmen und zu erkennen ist für viele Menschen sehr schwierig.

Du kannst dich an verschiedenen Tagen mindestens dreimal zur gleichen Zeit an diese Übung machen und immer wieder kurz den Status deiner Gefühle überprüfen.

Diese Überprüfung muss nicht sehr umfangreich sein, wie du es vielleicht aus Meditationen kennst. In dieser Übung reicht es völlig aus, dein Gefühl zu erkennen und es zu benennen. Du kannst dir dieses auch immer wieder aufschreiben und so auch am Ende der Übung ein Resümee über deine Gefühle ziehen. Schreibe zu deinen Gefühlen vielleicht auch noch auf, wo sie entstanden sind und wie du sie empfindest.

Der zweite Teil der Übung besteht darin, dass du dich in möglichst vielen Situationen, in denen du Gefühle spürst, genau beobachtest, was währenddessen oder kurz danach passiert ist. Beginne hier auch wieder damit, dass du dein Gefühl erkennst, kurz überprüfst, in welchem Körperteil es entstanden ist und wo es sich jetzt gerade befindet und gehe dann so genau wie möglich ins Detail. Auch hier kannst du dir wieder sehr gut Stichworte dazu machen und dir Notizen anfertigen.

Was genau empfindest du in bestimmten Situationen? Wie fühlst du dich? Wie fühlt sich eine ganz konkrete Situation für dich an? Was für Gedanken gehen dir dabei durch den Kopf? Wo und wie befindet sich dein Herz in diesem Zusammenhang? Was sagt die dein Bauch in diesem Moment?

All diese Fragen bringen dich deiner Intuition und deinen Gefühlen näher.

Komme mit diesen kleinen Übungen immer wieder ins Handeln. Setze dich in deinem täglichen Leben immer wieder der Situation aus, dass du dir bewusst über dich selbst wirst. Denn nur, wenn du weißt, wer du bist, was du kannst und was deine Stärken und Schwächen sind, dann kannst du auch gut mit dir selbst umgehen und dir vertrauen, auf deinen Bauch zu hören. Ich wünsche dir bei der Umsetzung viel Spaß und Erfolg.

Tauche ein in die spirituelle Welt und verstehe die Bedeutung aller sieben Chakren!

Chakren befinden sich sowohl in und außerhalb des Körpers, in diesem Buch erfährst du alles von der Funktion, der Reinigung und der Ausgewogenheit deiner Chakren.

- Überwinde Depressionen und Kraftlosigkeit
- Vertreibe Freudlosigkeit oder Schuldgefühle aus deiner Psyche
- Verhindere körperliche Überlastung, Verlustängste und Stress
- Erhalte Selbstbewusstsein und erreiche deine Ziele
- Egal ob Trauer, Kummer oder Müdigkeit. Geheilte Chakren helfen dir
- Erhalte das richtige Mindset um erfolgreich und glücklich im Leben zu stehen

Ein **glückliches und erfolgreiches Leben**ist nicht vom Geld oder Job abhängig. Es geht um die Mentalität und deine Einstellung. Eine innere Ausgewogenheit ist der **Schlüssel zum Erfolg**, nutze deshalb die göttlichen Energien der Chakren für dich.

ISBN: 1719864799

Meditation für Anfänger: Wie Einsteiger richtiges Meditieren lernen inkl. Schritt für Schritt Anleitung

Meditation bringt dich, deinen Körper, deinen Geist und deine Seele in Einklang. Mit diesem Buch erhältst du den perfekten Einstieg in die Praxis und wirst Schritt für Schritt zu deiner ersten Meditation-Erfahrung begleitet.

- Verhindere körperliche Überlastung, Ängste und Stress
- Überwinde Depressionen oder Kraftlosigkeit
- Vertreibe Freudlosigkeit oder Schuldgefühle aus deiner Psyche
- Erhalte das richtige Mindset um erfolgreich und glücklich im Leben zu stehen

Ein **glückliches und erfolgreiches Leben** ist nicht vom Geld oder Job abhängig. Es geht um die richtige Einstellung, die Mentalität und innere Ausgewogenheit. Eine innere Ausgewogenheit ist der **Schlüssel zum Erfolg**, nutze deshalb die göttliche Macht des Meditierens für dich.

ISBN: 1731121075

1. Auflage

Kontakt: Michael Stoiber / Otterbachstr. 33 / 85301 Schweitenkirchen

Fotos: depositphotos.com

Printed in France by Amazon
Brétigny-sur-Orge, FR

10798376R00048